中国工程建设标准化协会标准

公路桥梁灌注桩后压浆技术规程

Technical Specification for Post-grouting of Cast-in-place Pile of Highway Bridges

T/CECS G：D67-01—2018

主编单位：东南大学
批准部门：中国工程建设标准化协会
实施日期：2019 年 02 月 01 日

人民交通出版社股份有限公司

图书在版编目(CIP)数据

公路桥梁灌注桩后压浆技术规程：T/CECS G：D67-01—2018 / 东南大学主编. — 北京：人民交通出版社股份有限公司, 2018.12
ISBN 978-7-114-15262-7

Ⅰ.①公… Ⅱ.①东… Ⅲ.①公路桥—灌注桩—压浆法—技术规范 Ⅳ.①U448.143.15-65

中国版本图书馆 CIP 数据核字(2018)第 293929 号

标准类型：	中国工程建设标准化协会标准
标准名称：	**公路桥梁灌注桩后压浆技术规程**
标准编号：	T/CECS G：D67-01—2018
主编单位：	东南大学
责任编辑：	李　沛
责任校对：	宿秀英
责任印制：	刘高彤
出版发行：	人民交通出版社股份有限公司
地　　址：	(100011)北京市朝阳区安定门外外馆斜街3号
网　　址：	http://www.ccpress.com.cn
销售电话：	(010)59757973
总 经 销：	人民交通出版社股份有限公司发行部
经　　销：	各地新华书店
印　　刷：	北京鑫正大印刷有限公司
开　　本：	880×1230　1/16
印　　张：	2.25
字　　数：	42千
版　　次：	2019年1月　第1版
印　　次：	2020年5月　第2次印刷
书　　号：	ISBN 978-7-114-15262-7
定　　价：	30.00元

(有印刷、装订质量问题的图书，由本公司负责调换)

中国工程建设标准化协会
公 告

第 359 号

关于发布《公路桥梁灌注桩后压浆技术规程》的公告

根据中国工程建设标准化协会《关于印发〈2015年第二批工程建设协会标准制定、修订计划〉的通知》（建标协字〔2015〕099号）的要求，按照中国工程建设标准化协会标准管理办法的相关规定，由本协会公路分会组织编制的《公路桥梁灌注桩后压浆技术规程》经审查通过，现批准发布，编号为T/CECS G:D67-01—2018，自2019年2月1日起施行。

二〇一八年八月二十七日

前　言

根据中国工程建设标准化协会《关于印发〈2015年第二批工程建设协会标准制定、修订计划〉的通知》（建标协字〔2015〕099号）的要求，由东南大学承担《公路桥梁灌注桩后压浆技术规程》（以下简称"本规程"）的制定工作。

编制组经广泛调查研究，认真总结实践经验，参考国内外相关标准，并在广泛征求意见的基础上，制定本规程。

本规程的主要内容包括总则、术语和符号、基本规定、设计、施工、验收，以及附录A后压浆原始记录表，附录B水泥浆强度评定，附录C压浆压力、压浆总量评定，附录D压浆管路畅通数量评定，附录E后压浆工程质量检验评定表。

本规程基于通用的工程建设理论及原则编制，适用于本规程提出的应用条件。对于某些特定专项应用条件，使用本规程相关条文时，应对适用性及有效性进行验证。

本规程由中国工程建设标准化协会公路分会负责归口管理，由东南大学负责具体技术内容的解释，在执行过程中如有意见或建议，请函告本规程日常管理组，中国工程建设标准化协会公路分会（地址：北京市海淀区西土城路8号；邮编：100088；电话：010-62079839；传真：010-62079983；电子邮箱：shc@rioh.cn），或东南大学土木工程学院（地址：江苏省南京市江宁区东南大学路2号；邮编：211189；电子邮箱：wmgong@seu.edu.cn），以便修订时参考。

主 编 单 位：东南大学
参 编 单 位：中交公路规划设计院有限公司
　　　　　　浙江省交通规划设计研究院
　　　　　　上海市政工程设计研究总院（集团）有限公司
　　　　　　湖北省交通投资集团有限公司
　　　　　　贵州高速公路集团有限公司
　　　　　　湖北省交通规划设计院
　　　　　　山东省交通规划设计院
　　　　　　黑龙江省公路勘察设计院
　　　　　　辽宁省交通规划设计院有限责任公司
　　　　　　新疆维吾尔自治区交通规划勘察设计研究院
　　　　　　甘肃省交通规划勘察设计院有限责任公司
　　　　　　湖南省交通规划勘察设计院

广东省交通规划设计研究院
内蒙古交通设计研究院有限责任公司
福建省交通规划设计研究院
中铁第五勘察设计院集团有限公司
安徽省交通规划设计研究院
中设设计集团股份有限公司
中交公路长大桥建设国家工程研究中心有限公司
深圳市市政设计研究院有限公司
南京东土建设科技有限公司

主　　　　编：	龚维明
主要参编人员：	戴国亮　徐国平　戴显荣　张元凯　裴炳志　梅世龙 丁望星　王笃文　聂玉东　王吉英　刘文韬　武维宏 廖建宏　梁立农　高延奎　刘海青　桂　婷　徐宏光 韩大章　刘明虎　郭　明　付克俭　陈向阳　薛国亚
主　　　审：	李春风
参与审查人员：	马　骉　胡　盛　陈海君　田克平　杜宝军　胡所亭 张振学　李志强　周建强
参　加　人　员：	曹　琛　朱建民　王　磊　万志辉

目　次

1 总则 ·· 1
2 术语和符号 ·· 2
  2.1 术语 ·· 2
  2.2 符号 ·· 3
3 基本规定 ·· 4
4 设计 ·· 6
  4.1 一般规定 ·· 6
  4.2 压浆管路系统 ·· 6
  4.3 压浆材料 ·· 8
  4.4 压浆量和压浆压力 ·· 8
  4.5 承载力和沉降 ··· 10
5 施工 ··· 12
  5.1 压浆设备及管路系统 ·· 12
  5.2 压浆施工要求 ··· 13
  5.3 压浆施工控制 ··· 16
  5.4 后压浆安全和环境保护 ··· 16
  5.5 施工资料要求 ··· 17
6 验收 ··· 19
附录 A　后压浆原始记录表 ·· 21
附录 B　水泥浆强度评定 ·· 22
附录 C　压浆压力、压浆总量评定 ·· 23
附录 D　压浆管路畅通数量评定 ··· 24
附录 E　后压浆工程质量检验评定表 ··· 25
本规程用词用语说明 ·· 26
引用标准名录 ··· 27

1 总则

1.0.1 为适应公路桥梁灌注桩后压浆工程的需要,保证后压浆工程的施工质量和安全,遵循安全、耐久、适用、环保和经济的原则,制定本规程。

条文说明

公路桥梁灌注桩在成桩过程中存在泥皮沉渣、桩端持力层扰动、桩侧土应力释放松弛等缺陷,会影响桩的承载力及结构的安全。灌注桩后压浆通过压浆泵将水泥浆液压入桩侧、桩端土层有效地改善成桩的施工缺陷,从而提升桩基承载力,控制基础沉降。然而,后压浆技术在工程应用时仍没有统一的标准,且操作不规范,致使后压浆提高承载力的离散性较大。为了满足国内对大直径公路桥梁灌注桩的需求,规范市场和后压浆灌注桩的设计与应用,做到安全适用、确保质量、经济合理,制定本规程,使其规范化。

1.0.2 本规程适用于公路桥梁钻、挖、冲孔的灌注桩后压浆设计、施工和验收。

1.0.3 公路桥梁灌注桩后压浆的设计、施工及验收除应执行本规程外,尚应符合国家和行业现行有关强制性标准的规定。

条文说明

我国地域辽阔,岩土工程地质环境变化极大,为保证基础建设质量,进行灌注桩后压浆施工工艺,强调首先应按照本规程的规定严格实施,除此以外尚应符合国家和行业现行有关强制性标准的规定。

2 术语和符号

2.1 术语

2.1.1 灌注桩后压浆 post-grouting of cast-in-place pile

灌注桩成桩后,通过预设于桩身内的压浆导管及与之相连的桩侧、桩端压浆器向土层中压入浆液的技术。

条文说明

灌注桩成桩3~7d且混凝土强度达到设计强度的75%后,由预设于桩身内的压浆导管及与之相连的桩侧、桩端压浆器,采用压浆泵压入的浆液对桩周泥皮、桩端沉渣及桩端持力层起到渗透、填充、压密、劈裂、固结等作用来增强桩侧土和桩端土的强度,从而达到提高单桩承载力、减少沉降量的一项技术。根据土层加固机理可分为渗透压浆、压密压浆及劈裂压浆三种方式。

2.1.2 压浆器 grouting element

单个或多个压浆阀组成的压浆单元。

2.1.3 桩侧压浆 pile side grouting

通过预设于桩身内的压浆导管及与之相连的桩侧压浆器向桩侧土层压入浆液的方式。

2.1.4 桩端压浆 pile tip grouting

通过预设于桩身内的压浆导管及与之相连的桩端压浆器向桩端土层压入浆液的方式。

2.1.5 组合压浆 combined grouting

既采用桩侧压浆又采用桩端压浆的联合压浆方式。

2.1.6 开式压浆 open grouting

浆液通过压浆导管直接压入土层的方式。

2.1.7 闭式压浆 closed grouting

浆液压入封闭的腔体内挤密并置换部分土层的方式。

2.1.8 直管法压浆　single tube grouting method

在桩身埋设带压浆器的压浆导管,浆液通过压浆器压入桩侧或桩端土体的方式。

2.1.9 U形管法压浆　U-tube grouting method

在桩身埋设进浆导管、压浆器和出浆导管形成 U 形管路,浆液通过压浆器压入桩侧或桩端土体的方式。

2.1.10 清水开塞　water injection test

成桩后至实施压浆前,通过压浆泵往预设于桩身内的压浆导管压水打开压浆阀。

2.1.11 压浆控制压力　grouting control pressure

控制地层结构不发生破坏或桩顶无明显上抬的压浆阀处浆液压入的最大压力。

2.2 符号

A_p——桩端截面面积(m^2);

d——桩径(m);

G——桩身自重(kN);

G_c——压浆量,以水泥质量计(t);

h——压力传感器处管路与桩侧压浆器处的高度差(m);

h_d——压力传感器处管路与桩端压浆器处的高度差(m);

l_i——桩侧第 i 层土层厚度(m);

n——桩侧压浆断面数;

P_c——压浆控制压力(kPa);

P_{cd}——桩端压浆控制压力(kPa);

P_g——压浆终止压力(kPa);

P_w——桩侧、桩端压浆处静水压力(kPa);

q_{ik}——第 i 层土桩侧摩阻力标准值(kPa);

q_r——桩端处土的承载力特征值(kPa);

R_a——后压浆灌注桩单桩轴向受压承载力特征值(kN);

u——桩身周长(m);

α_p——桩端压浆量经验系数;

α_s——桩侧压浆量经验系数;

β_p——端阻力增强系数;

β_{si}——第 i 层土的侧阻力增强系数;

γ_i——第 i 层土有效重度(地下水位以下取浮重度,kN/m^3);

λ_i——抗拔系数;

ξ_r——压浆阻力经验系数。

3 基本规定

3.0.1 灌注桩后压浆可用于碎石土、砂土层,也可用于粉土、黏性土及风化岩层。

条文说明

灌注桩后压浆包含桩侧后压浆和桩端后压浆。桩侧后压浆可用于各类土层。桩端后压浆对卵石、碎石、圆砾及角砾土层较为有效;对砾砂、粗砂、中砂、细砂及粉砂层也有效;而对粉土、黏性土层的后压浆主要对泥皮和沉渣固结有效。对持力层为基岩的桩,即使岩性裂隙发育、松软破碎、全风化、强风化或沉渣处理难保证,桩端后压浆仍然有效。

3.0.2 开式压浆可用于各类土层;闭式压浆宜用于砂土层。

条文说明

相对于开式压浆,闭式压浆是将预制封闭的腔体(又称压浆胶囊)随钢筋笼放入土层,成桩后通过压力注浆使弹性腔体逐渐扩张、挤密沉渣或泥皮和土层来提高桩的承载能力。

3.0.3 灌注桩后压浆设计前应进行工程地质勘察和环境调查,应具备以下资料:
1 压浆区的地质构造、浆液可能流失的通道及空穴。
2 桩端及桩身所处各地层的渗透性及压浆可行性。
3 压浆浆液对环境的影响。

条文说明

灌注桩后压浆加固机理可分为渗透压浆、压密压浆及劈裂压浆三种。渗透压浆是在不破坏地层土体颗粒排列的情况下将浆液充填于颗粒裂隙中和颗粒间的孔隙中,使颗粒胶结成整体,对土体结构强度起到改善作用;压密压浆是通过压浆对砂土和黏性土中孔隙等软弱部位起到压密作用,在压浆处形成球形浆泡,浆体的扩散靠对周围土体的压缩;劈裂压浆是利用较高压浆压力使土体产生水力劈裂,浆体产生扩充形成网状浆脉,通过浆脉挤压土体和浆脉的骨架作用加固土体。

在不同土层中压浆,需要重点调查的内容不尽相同。例如:在砂土、碎石土层的压浆,一般为渗透压浆及压密压浆,因而要重点调查每一层土的渗透系数、孔隙率、孔隙大小、地下水位、地下水的流速流向和水的化学性质。土的颗粒大小是选择浆液类型和可注性的衡量指标。地层的孔隙率决定着浆液的消耗量,渗透系数影响浆液的注入速率。若为黏性土层的压浆,多为压密压浆和劈裂压浆,因而土体的力学特性就更为重要。

3.0.4 灌注桩后压浆施工前应按相关标准、规范和设计文件要求,结合工程地质、水文资料及现场情况,编制施工组织方案。

条文说明

施工组织方案一般包括下列内容：工程概况与场地地质条件(土层参数、地质剖面图、柱状图);桩基规模、标段划分;设计压浆要求;施工平面图,标明桩位、编号,以及设备、水电线路、维护设施布置、压浆管布置方式等;施工工艺流程、施工所用设备及人工;施工计划安排;特殊情况处理、注意事项;安全及环保措施。

3.0.5 灌注桩后压浆施工前应进行试压浆,获得不同地质条件下相应的压浆压力和压浆量等工艺参数。

条文说明

由于不同地质条件下后压浆工艺参数不同,正式施工前应进行试压浆。试压浆确定的工艺参数主要包括压浆方式、压浆管路系统、压浆材料、浆液水灰比、浆液流量、压浆压力及压浆量等。

3.0.6 后压浆灌注桩应进行单桩竖向静载试验,确定单桩极限承载力。

条文说明

灌注桩后压浆技术是一种新型的施工工艺,为确保后压浆施工质量,应采用静载试验确定其单桩竖向承载力,检测内容及数量应符合现行《公路桥涵施工技术规范》(JTG/T F50)的规定。

3.0.7 灌注桩后压浆施工前应对有关人员进行技术培训和安全教育。施工过程应按工序严格控制,并做好施工记录。

3.0.8 灌注桩后压浆施工应执行职业健康安全和环境保护的有关规定,做好废浆的外运管理工作,严禁违章排放。

4 设计

4.1 一般规定

4.1.1 后压浆设计应根据工程地质勘察和环境调查情况,针对公路桥梁灌注桩结构荷载特点、承载力及变形的要求,确定经济合理、施工方便、节约工期的设计方案。

4.1.2 后压浆设计宜与公路桥梁工程施工图设计同步进行,也可单独设计。

4.1.3 后压浆设计内容应包括压浆管路系统、压浆材料、压浆量、压浆压力、后压浆桩承载力和沉降等。

4.1.4 当桩长超过30m时,宜采用桩侧、桩端组合压浆。

条文说明
当桩长超过30m时,单一的压浆方式难以满足承载力增幅要求,宜采用桩侧、桩端组合压浆。组合压浆的压浆顺序,宜先自上而下逐段进行桩侧压浆,最后进行桩端压浆。

4.2 压浆管路系统

4.2.1 桩端后压浆导管数量应根据桩径大小设置。对于$d < 1\,200$mm的桩,宜沿钢筋笼圆周均匀布置2根(回路);对于$1\,200\text{mm} \leqslant d < 2\,500$mm的桩,宜沿钢筋笼圆周均匀布置3根(回路);对于$d \geqslant 2\,500$mm的桩,宜沿钢筋笼圆周均匀布置4根(回路)。

条文说明
桩端后压浆导管的设置数量应根据桩径大小确定,其目的在于确保后压浆浆液扩散的均匀性及后压浆的可靠性;对于单桩基础应适当增加压浆导管,以确保承载力的可靠性。

4.2.2 桩侧后压浆断面设置应综合桩长、地层情况和承载力要求等因素确定,可在桩端以上5~12m、桩顶8m以下,每隔5~12m设置一道断面。当桩侧有粗粒土层时,桩侧后压浆断面宜设置于粗粒土层底面以上0.5m左右,对于干作业成孔灌注桩宜设于粗粒土层中部。

条文说明

桩侧后压浆的功能：一是固化桩侧泥皮并加固桩周一定范围的土体，提高桩侧阻力，减小桩周土体剪切变形；二是对桩端压浆起到封堵作用。考虑到桩端压浆时浆液沿桩土软弱界面上升一定高度，以及浆液渗入桩周土体对桩侧阻力的增强效应，桩侧后压浆断面布置于桩端以上 5~12m 处，如有粗粒土层则布置于该土层底面以上 0.5m 左右，桩侧后压浆断面间距视桩长、土层性质、承载力要求而定，可为 5~12m，饱和土层中取高值。

4.2.3 桩端压浆导管采用 U 形管时，底部应与钢筋笼底部齐平。桩端压浆导管采用直管时，底部应进入桩端以下土层一定深度：对于黏性土、粉土、砂土层不宜小于 100mm；对于碎石土和风化岩层，压浆导管下端宜做成 T 形并与桩端齐平。

条文说明

当采用直管压浆时，桩端压浆导管进入桩端土层应确保一定深度，目的在于确保浆液顺畅外溢并加固较大范围的土体。桩端压浆导管的埋置深度在持力层强度高时适当减小，持力层为较软弱土层及沉渣较厚时适当加深。

4.2.4 桩侧压浆器应环绕在钢筋笼外侧。对于 $d<2\,500$mm 的桩，每个断面压浆阀不宜少于 4 个；对于 $d\geqslant 2\,500$mm 的桩，宜随桩径增大而增加压浆阀数量。

条文说明

桩侧压浆每个断面的压浆阀数量不少于 4 个，并随桩径增大而适当增多，目的在于实现桩周均匀压浆。

4.2.5 桩内预埋的压浆导管宜采用 $\phi 25$mm~$\phi 38$mm 钢管，壁厚不小于 2.8mm。当压浆管兼作声测管时，管径尺寸应满足声测要求。

条文说明

利用超声波检查混凝土质量的声测管作为压浆导管，是一种常用而经济的方法。一般灌注桩均有 2~4 根声测管，可在声测管端部做成压浆器。声测管比钢筋笼长 20~30cm，声测管两端用螺纹堵头封堵，上端高出钻孔平台或地面。

4.2.6 对于非通长配筋桩，下部应有不少于 4 根与压浆导管等长的主筋组成的钢筋笼通底。

4.2.7 桩身配筋设计时，后压浆导管可作为桩身的受力钢筋参与计算。

条文说明

后压浆导管与桩身纵向主筋起到相同的增强作用,因此桩身配筋设计时可将其等强度替代纵向钢筋。此外,后压浆导管还可以兼作声波透射法检测桩身完整性的内导管,做到"一管三用"。

4.3 压浆材料

4.3.1 压浆水泥宜采用普通硅酸盐水泥,水泥强度等级不宜低于42.5级。

4.3.2 浆液的水灰比应根据土的饱和度和渗透性确定:对于饱和土,水灰比宜为0.5～0.7;对于非饱和土,水灰比宜为0.7～0.9(松散碎石土、砾砂宜为0.5～0.6)。

条文说明

浆液水灰比是根据大量工程实践经验提出的。水灰比过大容易造成浆液流失,降低后压浆的有效性;水灰比过小会增大压浆阻力,降低可注性。因此,水灰比的大小根据土层类别、土的密实度、土是否饱和等因素确定。

4.3.3 压浆材料中可掺入适量外加剂,可选择性掺入微膨胀剂、膨润土、减水剂、速凝剂。

4.4 压浆量和压浆压力

4.4.1 单桩压浆量的设计应根据桩径、桩长、土层性质、单桩承载力增幅及是否组合压浆等因素确定,可按式(4.4.1)估算:

$$G_c = \alpha_s n d + \alpha_p d \quad (4.4.1)$$

式中:α_s、α_p——分别为桩侧、桩端压浆量经验系数,取值范围见表4.4.1,土体孔隙率较大时取高值,土体密实度较高、较坚硬时取低值;

n——桩侧压浆断面数;

d——桩径(m);

G_c——压浆量,以水泥质量计(t)。

表4.4.1 桩侧压浆量经验系数 α_s、桩端压浆量经验系数 α_p

经验系数	黏土 粉质黏土	粉土	粉砂	细砂	中砂	粗砂 砾砂	角砾 圆砾	碎石 卵石	全风化岩 强风化岩
α_s	0.7～0.8	0.8～0.9	0.8～0.9	0.8～0.9	0.9～1.1	0.9～1.1	0.8～0.9	0.8～0.9	0.8～0.9
α_p	2.0～2.4	2.1～2.5	2.4～2.7	2.4～2.7	2.3～2.7	2.7～3.0	2.9～3.2	3.0～3.2	2.3～2.5

条文说明

后压浆工程中,压浆量是确保桩的承载力增幅达到要求的重要因素,过量压浆会增加不必要的消耗,该值应通过试压浆确定。本次规程编制过程中,收集统计了全国范围内700余根灌注桩压浆参数资料,经统计归纳得出本规程表4.4.1中的压浆量经验系数。

4.4.2 压浆控制压力应按现场试压浆确定,也可按式(4.4.2)估算:

$$P_c = \frac{h}{h_d} P_{cd} = \frac{h}{h_d} \frac{G + \pi d \sum \lambda_i q_{ik} l_i}{A_p} \tag{4.4.2}$$

式中:P_c——压浆控制压力(kPa);

P_{cd}——桩端压浆控制压力(kPa);

h——压力传感器处管路与桩侧压浆器处的高度差(m);

h_d——压力传感器处管路与桩端压浆器处的高度差(m);

G——桩身自重(kN);

λ_i——抗拔系数,可按表4.4.2取值;

q_{ik}——第i层土桩侧侧摩阻力标准值(kPa);

l_i——桩侧第i层土的厚度(m);

A_p——桩端截面面积(m²)。

表4.4.2 抗拔系数 λ_i

土 类	黏性土、粉土	砂土、碎石土
λ_i	0.7~0.8	0.5~0.7

4.4.3 压浆终止压力应按现场试压浆确定,也可按式(4.4.3)估算:

$$P_g = P_w + \xi_r \sum \gamma_i l_i \tag{4.4.3}$$

式中:P_g——压浆终止压力(kPa);

P_w——桩侧、桩端压浆处静水压力(kPa);

γ_i——第i层土有效重度(地下水位以下取浮重度,kN/m³);

ξ_r——压浆阻力经验系数,与土层类别、饱和度、密实度、浆液稠度、成桩时间、压浆导管长度等有关;软土取1.0~1.5,黏性土、粉土、粉砂、细砂取1.5~4.0(非饱和状态取高值),中砂、粗砂、砾砂、碎石土取1.2~3.0(非饱和状态取高值),全、强风化岩取1.0~4.0;当土的密实度高、浆液水灰比小、压浆导管长度大、成桩间歇时间长时,取高值。

条文说明

压浆终止压力同多种因素有关,应通过试压浆确定。在试压浆前可按式(4.4.3)预估算。该压浆终止压力计算公式是基于土层中实施的渗透压浆、劈裂压浆和压密压浆的基本机制,并以大量工程实践经验为基础提出的半经验压浆终止压力估算公式。对于中砂、粗砂、砾砂、碎石土多属渗透压浆,对于软土、饱和黏性土、粉土、粉砂、细砂多属劈裂压浆,其压浆阻力系数均较小;对于非饱和黏性土、粉土、粉砂、细砂多属劈裂-压密压浆,其压浆阻力系数较大。

4.5 承载力和沉降

4.5.1 后压浆灌注桩单桩轴向受压承载力特征值,应通过静载试验确定,也可按式(4.5.1)计算:

$$R_a = \frac{1}{2}u\sum_{i=1}^{n}\beta_{si}q_{ik}l_i + \beta_p A_p q_r \qquad (4.5.1)$$

式中:R_a——后压浆灌注桩单桩轴向受压承载力特征值(kN);

u——桩身周长(m);

q_r——桩端处土的承载力特征值(kPa),当持力层为砂土、碎石土时,若计算值超过下列值,宜按下列值采用:粉砂1 000kPa;细砂1 150kPa;中砂、粗砂、砾砂1 450kPa;碎石土2 750kPa;

β_{si}——第i层土的侧阻力增强系数,可按表4.5.1取值,当在饱和土层中桩端压浆时,仅对桩端以上10.0~12.0m范围内的桩侧阻力进行增强修正;当在非饱和土层中桩端压浆时,仅对桩端以上5.0~6.0m的桩侧阻力进行增强修正;在饱和土层中桩侧压浆时,对压浆断面以上10.0~12.0m范围内的桩侧阻力进行增强修正;在非饱和土层中桩侧压浆时,对压浆断面上下各5.0~6.0m范围内的桩侧阻力进行增强修正;对于非增强影响范围,$\beta_{si}=1$;

β_p——端阻力增强系数,可按表4.5.1取值。

表4.5.1 后压浆侧阻力增强系数β_{si}、端阻力增强系数β_p

土层名称	淤泥质土	黏土粉质黏土	粉土	粉砂	细砂	中砂	粗砂砾砂	角砾圆砾	碎石卵石	全风化岩强风化岩
β_{si}	1.2~1.3	1.3~1.4	1.4~1.5	1.5~1.6	1.6~1.7	1.7~1.9	1.8~2.0	1.6~1.8	1.8~2.0	1.2~1.4
β_p	—	1.6~1.8	1.8~2.1	1.9~2.2	2.0~2.3	2.0~2.3	2.2~2.4	2.2~2.5	2.3~2.5	1.3~1.6

注:对于稍密和松散状态的砂、碎石土可取高值,对于密实状态的砂、碎石土可取低值。

条文说明

采用后压浆技术的桩基工程,在工期等条件允许的情况下,宜进行试桩工程压浆前与压浆后的竖向静载试验对比来确定单桩轴向受压承载力特征值。若无条件则通过压浆后工程桩的静载试验来检验单桩轴向承载力是否满足设计要求。

式(4.5.1)为后压浆灌注桩承载力特征值估算公式。本次规程编制过程中,收集统计了全国范围内716根后压浆试桩资料,经统计归纳得出本规程表4.5.1中的增强系数。通过其中较为理想的190根后压浆试桩资料,根据本规程第4.5.1条的计算公式求得

$R_{a计}$,其中 q_{ik}、q_r 取勘察报告提供的经验值或本规程所列的经验值;侧阻力增强系数 β_{si}、端阻力增强系数 β_p 取本规程表4.5.1所列的上限值。实测值 $R_{a实}$ 与计算值 $R_{a计}$ 散点图如图4-1所示。可见,实测值基本位于45°线以上,即均高于或接近于计算值,表明后压浆灌注桩单桩轴向受压承载力特征值按本规程第4.5.1条计算的可靠性是较高的。

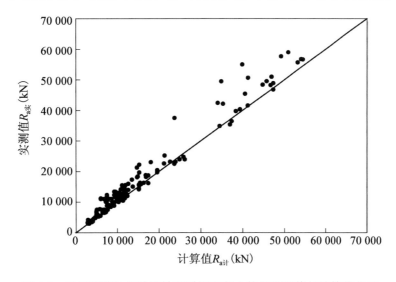

图 4-1　后压浆灌注桩单桩轴向受压承载力特征实测值与计算值关系

4.5.2　后压浆灌注桩应按现行《公路桥涵地基与基础设计规范》(JTG D63)的有关规定进行桩身混凝土抗压强度的承载力验算。

条文说明

后压浆灌注桩因侧阻、端阻增强导致土体对桩的支撑阻力所确定的承载力大幅提高,为避免桩身混凝土抗压强度破坏而导致桩的承载力降低,对桩身混凝土抗压强度的承载力进行验算至关重要。

4.5.3　后压浆灌注桩基础的沉降计算可按普通桩基础的沉降计算方法进行,计算时桩基沉降计算经验系数应根据桩端持力层土层类别,乘以0.6(砂土、碎石土)~0.7(黏性土、粉土)的折减系数。

条文说明

后压浆灌注桩基础由于三种增强效应导致沉降减小:一是桩端沉渣被固化;二是桩周土体的强度和刚度及桩土整体性得到增强,桩端刺入变形减小;三是桩端一定深度的压缩模量得到增强,其增强的幅度与土层性质有关。

本规程统计了大量工程试桩的压浆前后对比资料,后压浆灌注桩可按现行《公路桥涵地基与基础设计规范》(JTG D63)计算桩基沉降,其桩基沉降经验系数乘以0.6~0.7的折减系数。

5 施工

5.1 压浆设备及管路系统

5.1.1 压浆设备宜包括制浆机、压浆泵、智能压浆控制仪、传感器等。

1 制浆机具有自动上料、自动计量、自动放浆等功能,制浆机上应配有称重传感器。

2 压浆泵的额定压力应大于压浆控制压力的1.2倍,其额定压力宜为6～12MPa,额定流量宜为30～100L/min。在压浆泵上应配备压力传感器和流量传感器。

3 智能压浆控制仪应具有实时显示、自动计量、智能控制和实时传输的功能,上传时间间隔不宜超过2s。

4 压力传感器、流量传感器、称重传感器等参数量测设备应经有资质单位进行检定或校准。压力传感器的量程应为额定泵压的1.5～2.0倍。

条文说明

智能压浆施工技术具有下列特点：

(1)自动化程度高。压力、流量、称重数据的采集均采用传感器,灵敏高效,便于自动采集;上水上料、压浆泵压力、压浆管切换、数据上传均可通过电脑控制,根据一系列条件自动判定下部执行的操作,极大提高了施工效率,减少了人工参与带来的弊端,节省了人力成本。

(2)数据实时上传,便于监督。压浆工程作为隐蔽工程,以往监督是难点,现在数据可实现实时上传,各方均可方便查看。

制浆机根据施工条件选配,容量应与额定压浆流量相匹配,浆液出口应设置不小于1.18mm的滤网。

智能压浆控制仪根据设定的参数自动计算相应数据,智能控制制浆机上水、上料、放料时间与间隔,根据压力传感器和流量传感器数据控制压浆泵转速,调整压力,根据压浆完成情况自动调节分配器换管,实时显示压浆数据,并将数据实时上传至网络平台。

施工中除压浆设备外,还应配备以下机具:吊车、装载机、电焊机、切割机、水准仪等。为确保压浆过程中不因机械事故、电力供应中断而停顿,压浆设备应有备用件(包括备用发电机组)。

5.1.2 压浆管路系统应由地面输送系统、压浆导管、压浆器组成。

1 地面输送系统必须确保其密封性,其输送管应采用可承受1.2倍以上压浆控制压力的高压胶管或无缝钢管。开式压浆输送管与桩内压浆管连接处设置泄压阀,闭式压浆输送管与桩内压浆管连接处设置止浆阀。

2 压浆导管的制作和布设应满足设计要求。设计未明确压浆导管材料时,应采用低压液体输送钢管,质量应符合现行《低压流体输送用焊接钢管》(GB/T 3091)的规定。压浆导管宜优先采用套筒螺纹连接;也可采用套筒电焊连接,连接应紧密且不应焊穿钢管或漏焊,确保桩身混凝土灌注时不漏浆、压浆时浆液通过能力不减弱。

3 压浆器能承受的压力应大于1.2倍压浆控制压力;压浆器外部保护层应能抵抗砂石等硬质物的刮撞而不致使压浆器受损;压浆器应具备逆止功能。

条文说明

开式压浆输送管与桩内压浆导管连接处设泄压阀,可便于在结束压浆时减压卸除输送管。闭式压浆输送管与桩内压浆导管连接处设置止浆阀,在结束压浆时可达到止浆的目的,以免浆液在腔体弹力作用下回流。

5.2 压浆施工要求

5.2.1 施工过程应满足规范对沉渣、垂直度、泥浆相对密度、钢筋笼制作质量等要求。

5.2.2 安装钢筋笼时,应确保不损坏压浆管路。下放钢筋笼后,不得墩放、强行扭转和冲撞。桩身混凝土浇注过程中应控制导管抽拔速度和埋深,防止因埋管后猛拔导管造成压浆导管变形。

5.2.3 压浆导管下放过程中,每下完一节钢筋笼后,必须在压浆导管内注入清水检查其密封性。压浆导管渗漏时,必须返工处理,直至达到密封要求。

条文说明

压浆导管在桩身空孔部分由于没有混凝土包裹,易造成漏浆;桩身内部接头采用套筒螺纹连接时可不用压水检查密闭性,而对于套筒电焊连接则需要管内注水检查密闭性,主要是防止焊接时将管壁焊透,浇注混凝土时混凝土进入管内堵塞压浆导管。

5.2.4 钢筋笼下放完成后,压浆导管进口应密封,防止异物堵塞压浆管路。

5.2.5 压浆工作应在桩身混凝土强度达到设计强度75%后进行,或经桩身完整性(超声波法)检测合格后进行。

5.2.6 压浆施工前应进行下列准备工作:
1 压浆管路应编号并挂标牌明示,压浆管路应按编号顺序与浆液分配器对应连接牢固。

2 对于U形管,应每天打开U形管系统1次,压水循环10～15min直到出浆管口冒出清水。

3 外加剂应根据指导书或现场压浆情况进行试验并满足压浆要求。水泥应有合格的质量检验报告。

5.2.7 压浆应遵循细流慢注的原则,最大流量不宜超过100L/min。

5.2.8 灌注桩后压浆顺序应针对地质条件、设计要求及施工工艺综合确定,并应符合下列规定:

1 宜将全部压浆桩根据集中程度及桩基施工顺序划分为若干区块,各区块内桩距相对集中,区块之间距离宜大于区块内最小桩距的2倍。

2 区块内的灌注桩后压浆,宜采用先周边后中间的压浆顺序;对周边桩应按对称、有间隔的原则依次压浆,直到中心桩。

3 当采用桩侧、桩端组合压浆时,应先桩侧后桩端;多断面桩侧压浆时,对于饱和土宜采用先上后下的压浆顺序,对于非饱和土宜采用先下后上的压浆顺序。

条文说明

大面积工程桩施工时,压浆顺序一般取决于工程桩基的施工顺序。为避免如压浆时浆液串入未成桩的区域或正在成桩的桩孔中等不利影响,将全部压浆桩划分为若干区块。在某一区块内,以最后一根桩成桩3～7d后开始该区块内所有桩的压浆,从而将压浆影响区域限定于单个区块之内,各区块之间的施工顺序不受影响。

在单一区块内的压浆顺序,从中心某根单桩开始由内向外压浆,优点是各桩压浆量较容易满足设计要求,压浆压力较低,但整个群桩周边浆液扩散范围很大,不利于群桩周边压浆体边界的围合;而采用先周边后中心的压浆顺序,可以在周边形成一个压浆隔离带并使压浆的压密、填充、固结等作用逐步施加于区块内的其他桩。

5.2.9 在压浆作业前开塞时,应在成桩后不小于12h用清水将压浆导管的压浆阀冲开,应确保压浆管路系统畅通。当水压明显下降时,表明压浆阀已打开,应立即停泵,封闭阀门,防止桩身混凝土过度破损。

条文说明

清水开塞是压浆施工前必不可少的重要工序。成桩后至后压浆作业前,通过压入清水来检验压浆导管是否畅通及土体的可注性。由于受注体是开放的空间,压入清水不会影响压浆固结体的质量。无论是开塞压入的水,还是压浆浆液所含的水,都会在压浆压力或地层应力作用下,压浆从受注区向外渗透,消散其多余的部分。

5.2.10 浆液配制应遵循先放水,再加外加剂,搅拌均匀后加水泥的程序。

5.2.11 浆液应确保搅拌均匀,应具有良好的流动性,不离析,不沉淀;浆液稠度应按现行《公路桥涵施工技术规范》(JTG/T F50)确定,且不宜超过15s;浆液强度应满足本规程附录B的要求。

5.2.12 采用U形管法压浆时,应先打开回路的出浆口阀门,排出压浆管路内开塞时存有的清水,当出浆口流出的浆液浓度与进浆口的浆液浓度基本相同时,关闭出浆口阀门,开始压浆。

5.2.13 采用U形管法压浆时,每次压浆后应保证管路畅通,再关闭阀门。压浆停顿时间超过30min,应对管路进行清洗。压浆完毕后,封闭阀门的时间不宜少于40min。卸除阀门前,应确保压力完全消散,浆液不会外喷。

5.2.14 后压浆施工过程中,每批次不同配合比的浆液均应留样进行强度检测。

5.2.15 应记录压浆的起止时间、压浆量、压浆压力、流量等参数。

5.2.16 后压浆作业尚应符合下列规定:
1 压浆作业宜于成桩后不少于2d开始。
2 压浆作业与成孔作业点的距离不宜小于10m,且不宜小于10倍桩径。
3 桩端压浆应对同一根桩的各压浆导管依次等量或同时压浆。

5.2.17 后压浆工艺流程宜按图5.2.17所示顺序展开。

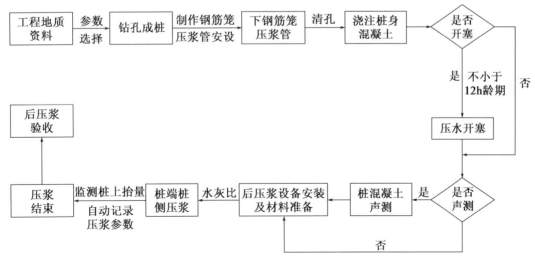

图 5.2.17 后压浆工艺流程

5.3 压浆施工控制

5.3.1 压浆总体应遵循压浆量与压浆压力双控,以压浆量控制为主、压浆压力控制为辅的控制原则。压浆压力和压浆量均按单个回路或管路分别控制。

5.3.2 压浆压力和压浆量满足下列条件之一的,可终止压浆:
1 压浆量达到设计要求,最后5min的压浆平均压力达到压浆终止压力。
2 压浆量已达到设计要求,最后5min的压浆平均压力不小于0.8倍压浆终止压力,应增加压浆量至120%后封压。
3 压浆量已达到设计要求,最后5min的压浆平均压力小于0.8倍压浆终止压力,应增加压浆量至150%后封压。
4 压浆量大于设计要求的80%,最后5min的压浆平均压力大于1.2倍压浆终止压力。

5.3.3 压浆施工过程中,应对压浆的各项工艺参数进行检查,发现异常情况应采取相应处理措施。当压浆量等主要参数达不到设计要求时,应根据工程具体情况采取相应措施。
1 当灌注桩中某根压浆导管的压浆量达不到设计压浆量的80%而压浆压力超过1.2倍压浆终止压力时,可通过降低转速或增加浆液水灰比来减小压浆压力。
2 当灌注桩中某根压浆导管的压浆量达不到设计要求而压浆压力值很高,无法继续压浆时,其未压入的水泥量应由该桩基其余压浆导管均匀分配压入。
3 如果出现压浆压力长时间低于正常值、地面冒浆或周围桩孔串浆,应改为间歇压浆或调低浆液水灰比,间歇时间不宜过长,宜为30~60min。间歇时间过长会导致管内水泥凝结而堵管,可向管内压入清水冲洗压浆导管。
4 当压浆导管堵塞无法进行压浆时,可采用在离桩侧壁20~30cm位置打ϕ150mm小孔作引孔,重新埋置压浆导管。如果有声测管,可钻通声测管作为压浆导管进行补压浆,直至压浆量满足设计要求,此时补压后的压浆量应大于设计压浆量。

条文说明
压浆过程中对压浆各项工艺参数经常进行检查的目的在于杜绝并及时纠正不正常的压浆作业现象,对于因客观条件变化引起的异常情况能及时采取相应措施处理,包括调整压浆工艺参数。采用间歇压浆的目的是通过一定时间的休止使已压入浆提高抗浆液流失阻力,并通过调整水灰比消除规定中所述的两种不正常现象。

5.4 后压浆安全和环境保护

5.4.1 施工过程的安全和环境保护应符合现行《建筑施工安全检查标准》(JGJ 59)、

《建筑工程施工现场环境与卫生标准》(JGJ 146)的有关规定。

5.4.2 施工机械的使用应符合现行《建筑机械使用安全技术规程》(JGJ 33)的规定。

5.4.3 施工临时用电应符合现行《施工现场临时用电安全技术规范》(JGJ 46)的规定。

5.4.4 压浆作业施工区应设立警示牌。施工人员作业时应采取相应的防护措施并保持安全距离。

5.4.5 现场施工作业人员应接受安全教育以及安全技能培训,严格执行相关安全规程,加强安全宣传教育,增强职工安全意识。

5.4.6 废土、渣土及废泥浆应及时外运。外运车辆应为密封车或有遮盖的自卸车,车辆及车胎应保持干净,不粘带泥块等杂物。

5.4.7 施工现场应设置排水系统。排水系统严禁与泥浆系统串联,严禁向排水系统排放废浆料。排水沟的废水经沉淀过滤达到标准后,应排入市政排水管网。

5.4.8 施工现场出入口处应设置冲洗设施、污水池和排水沟。

5.4.9 后压浆作业应按现行《建筑施工场界环境噪声排放标准》(GB 12523)的规定,在施工期间严格控制噪声。

5.4.10 夜间施工应办理相关手续,并应采取措施减少声、光的不利影响。

5.5 施工资料要求

5.5.1 施工完毕后应提交相应的施工资料,应包括下列内容:
1 施工验收报告。
2 水泥、压浆导管、外加剂等材料的质检报告。
3 浆液试块抗压强度报告。
4 施工机械合格证书。
5 各类量测传感设备的标定证书或报告。

5.5.2 施工验收报告应包括下列内容:
1 施工组织方案所含内容。

2 压浆情况记录表(格式参见本规程附录 A)。

3 压浆曲线图,包含水泥、水、压力、流量随时间变化的数据,每根压浆导管(回路)的压浆数据统计等。

4 全部数据的电子版。

6 验 收

6.0.1 验收时应检查相关资料是否完备,是否包含本规程第5.5节要求的资料。

6.0.2 压浆效果的检测主要有单桩竖向静载试验、钻孔取芯检测、标准贯入试验及电磁波CT检测等,应至少选取一种检测。检测数量可根据现行《公路桥涵施工技术规范》(JTG/T F50)确定。

条文说明

后压浆工程属于地下隐蔽工程,压浆效果的好坏直接关系到后压浆工程的成败。后压浆效果的检测方法主要有静载试验、钻孔取芯检测、标准贯入试验及电磁波CT检测。

(1)静载试验是检测压浆前后轴向受压承载力最直接有效的方法,可以定量的分析压浆效果。

(2)钻孔取芯能检测压浆后水泥浆液沿桩身深度方向分布及水泥土芯样的物理力学性能。

(3)标准贯入试验可以检测地层压浆前后标贯击数的变化,是一种较为直观、准确的检测方法。

(4)电磁波CT可检测钻孔间介质的差异来评价后压浆对桩基的加固效果,是一种快速、有效、实用的压浆效果无损检测方法。

6.0.3 在桩身混凝土强度达到设计要求的条件下,后压浆灌注桩竖向静载试验应在压浆结束不少于20d后进行,浆液中掺入早强剂时可于压浆结束15d后进行。

条文说明

后压浆灌注桩的静载试验应待压入土体中的水泥浆液的增强反应基本完成后进行,本规程规定在压浆20d后进行是通常所需时间。当需要提前进行试验时,应在水泥浆液中加入早强剂。

6.0.4 压浆施工验收应提供桩位平面图与桩位编号图、水泥材质检验报告、压力表检定证书、试压浆记录、设计工艺参数、压浆施工记录、特殊情况处理记录等资料。

6.0.5 公路桥梁工程(特大、大、中桥)单位工程中,压浆专项工程可属于基础及下部构造(每桥或每墩、台)分部工程中一个独立分项工程。

6.0.6 后压浆工程质量评定等级分为合格与不合格。

6.0.7 后压浆工程合格标准应同时满足以下条件：
1 采用本规程附录B方法进行压浆用水泥浆强度评定，且水泥浆强度评定为合格。
2 采用本规程附录C方法进行压浆压力、压浆总量评定，且压浆总量评定为合格。
3 采用本规程附录D方法进行压浆管路畅通数量评定，且压浆管路畅通数量评定为合格。

6.0.8 后压浆工程评定为不合格时，经处置满足设计要求后，可以重新评定其质量等级，但计算后压浆工程评分值时按其复评分值的90%计算。

附录 A 后压浆原始记录表

表 A 后压浆原始记录表

承包单位：_____ 合同号：_____

监理单位：_____ 编　号：_____

单位工程		分部工程	基础及下部构造	分项工程		后压浆	
桩号		成桩日期		压浆日期			
水泥名称及标号		压浆方法	U管法/直管法	压浆管数量			
水灰比	配合比(水泥:外加剂:水)	初始流动度(S)	搅拌时间(min)	水泥浆强度(MPa)	浆液温度(℃)	环境温度(℃)	

压浆管编号	开始时间	终止时间	压力值(MPa)			水泥浆压浆量(t)		持荷时间(min)	持荷压浆量(t)	实际压入桩压浆量(t)
			设计最小控制压力	水头 A	压力表终止压力 B	桩端终止压力 $A+B$	设计	实测			
U/Z1											
U/Z2											
U/Z3											
U/Z4											
合计											

桩位平面布置图		压浆管平面布置图		压浆过程出现问题和解决方法	
				自检意见	
备注：在压浆管平面布置图中注明压浆管编号，并与资料中所填编号相对应。按照大里程方向编号。				监理意见	
现场监理日期		施工负责人日期		质检员日期		施工员日期	

附录 B 水泥浆强度评定

B.0.1 评定水泥浆的强度，应制取试件检验水泥浆在标准养护条件下 28d 龄期的抗压强度。强度检验应按现行《水泥胶砂强度检验方法（ISO 法）》（GB/T 17671）执行，试件为 6 个 1 组，试件制取组数应符合下列规定：

1 不同强度等级及不同配合比的水泥浆应分别制取试件，试件应随机制取，不得挑选。

2 每个后压浆工程，同一套压浆设备，采用相同水灰比的水泥浆同批次连续压浆时，每批次制取试件组数不少于 2 组。

B.0.2 水泥浆强度的合格标准应符合下列规定：
1 同强度等级试件强度的平均值不低于规定强度等级。
2 任意一组试件的强度最低值不低于规定强度等级的 75%。

B.0.3 实测项目中，水泥浆强度评为不合格时相应分项工程为不合格。

附录 C 压浆压力、压浆总量评定

C.0.1 压浆压力达到压浆终止压力,且管路压浆量达到设计值时,该管路压浆压力为合格。

C.0.2 压浆压力未达到终止压力:

1 压浆量已达到设计要求,最后 5min 的压浆平均压力不小于 0.8 倍压浆终止压力,管路压浆量达到 1.2 倍设计压浆量时,该管路压浆压力为合格。

2 压浆量已达到设计要求,最后 5min 的压浆平均压力小于 0.8 倍压浆终止压力,管路压浆量达到 1.5 倍设计压浆量时,该管路压浆压力为合格。

C.0.3 各管路实际压浆量总和(不计因压力不足而多压入的压浆量)大于设计压浆量时,压浆量为合格。

C.0.4 若各管路压浆施工在接近完成时发生堵管,但单桩压浆总量(不计因压力不足而多压入的压浆量)大于设计压浆量的 95% 时,压浆量为合格。

C.0.5 若各管路压浆泵出浆口处压力达到终止压力,且未发生堵管,各管路压浆量总和大于设计压浆量的 80% 时,压浆量为合格。

C.0.6 通过打孔等方法补足压浆量时,压浆量为合格。

C.0.7 实测项目中,压浆总量评为不合格时相应分项工程为不合格。

附录 D 压浆管路畅通数量评定

D.0.1 管路压浆量达到设计压浆量的 80% 时,该管路应视为管路畅通;每根桩不畅通管路数量不大于 1 时,为合格。

D.0.2 通过增设压浆管路补足畅通压浆管路数量时,压浆管路畅通数量为合格。

附录 E 后压浆工程质量检验评定表

表 E 后压浆工程质量检验评定表

编号：

单位(子单位)工程名称		分部(子分部)工程名称		分项工程名称	
施工单位		项目负责人		检验批容量	
分包单位		分包单位项目负责人		检验批部位	
施工依据			验收依据		
	验收项目	设计要求及规范规定	最小/实际抽样数量	检查记录	检查结果
1	水泥浆液强度				
2	压浆压力、压浆总量				
3	压浆管路畅通数量				
施工单位检查结果				专业工长： 项目专业质量检查员： 年 月 日	
监理单位验收结论				专业监理工程师： 年 月 日	

本规程用词用语说明

1 本规程执行严格程度的用词采用下列写法：

1）表示很严格，非这样做不可的用词，正面词采用"必须"，反面词采用"严禁"。

2）表示严格，在正常情况下均应这样做的用词，正面词采用"应"，反面词采用"不应"或"不得"。

3）表示允许稍有选择，在条件许可时首先应这样做的用词，正面词采用"宜"，反面词采用"不宜"。

4）表示有选择，在一定条件下可以这样做的用词，采用"可"。

2 引用标准的用语采用下列写法：

1）在规程总则中表述与相关标准的关系时，采用"除应符合本规程的规定外，尚应符合国家和行业现行有关强制性标准的规定"。

2）在规程条文及其他规定中，当引用的标准为国家标准或行业标准时，应表述为"应符合《××××××》（×××）的有关规定"。

3）当引用本规程中的其他规定时，应表述为"应符合本规程第×章的有关规定""应符合本规程第×.×节的有关规定""应符合本规程第×.×.×条的有关规定"或"应符合按本规程第×.×.×条的有关规定执行"。

引用标准名录

1 《公路桥涵施工技术规范》(JTG/T F50)
2 《公路桥涵地基与基础设计规范》(JTG D63)
3 《建筑桩基技术规范》(JGJ 94)
4 《建筑地基基础设计规范》(GB 50007)
5 《建筑地基基础工程施工质量验收规范》(GB 50202)
6 《建筑地基处理技术规范》(JGJ 79)
7 《建筑基桩检测技术规范》(JGJ 106)
8 《公路工程基桩动测技术规程》(JTG/T F81-01)
9 《公路工程质量检验评定标准 第一册 土建工程》(JTG/T F80/1)
10 《公路工程施工安全技术规范》(JTG F90)
11 《通用硅酸盐水泥》(GB 175)
12 《混凝土外加剂》(GB 8076)
13 《混凝土外加剂应用技术规范》(GB 50119)
14 《低压流体输送用焊接钢管》(GB/T 3091)
15 《建筑施工安全检查标准》(JGJ 59)
16 《建筑工程施工现场环境与卫生标准》(JGJ 146)
17 《建筑机械使用安全技术规程》(JGJ 33)
18 《施工现场临时用电安全技术规范》(JGJ 46)
19 《建筑施工场界环境噪声排放标准》(GB 12523)